Pīsō Ille Poētulus

a Latin Novella
by Lance Piantaggini

Poētulus Publishing
magisterp.com

Index Capitulōrum
(et Cētera)

	Praefātiō	4
I.	Pīsō sum	8
II.	Vergilius poēta	12
III.	pater mīles	15
IV.	frātrem nōn amō	18
V.	vir magnus	21
VI.	columnae trēs	23
VII.	salvēte, Mūsae!	28
VIII.	Palātium et Circus Maximus	34
IX.	Forum Rōmānum et Templum Iānī	39
X.	Amphitheātrum Flāvium et Panthēum	46
XI.	Mūsa immānis	50
XII.	carmen dē Rōmā	52
	Dē Versibus	62
	Index Verbōrum	69

Praefātiō

This novella is a response to two major problems that contemporary Latin teachers face; the first is the dearth of understandable reading material with sheltered (i.e. limited) vocabulary available to beginning students; the second is the lack of exposure to understandable poetry before most students have dropped Latin in years three or four of high school.

The problem of understandable reading material (here, "reading" is distinguished from "translating") with sheltered vocabulary has received much attention only quite recently. In 2015, two novellas were published by *Pomegranate Beginnings* written in the range of the beginning student's reading level (*Pluto: Fabula Amoris* for Novice, and *Itinera Petri: Flammae Ducant* for Intermediate). Their release inspired several other novellas to be written within the same range—*Pīsō Ille Poētulus* being the latest. Latin programs following a strict grammatical syllabus might place *Pīsō Ille Poētulus* in the Intermediate range due to its unsheltered tenses and syntax, but the novella is intended to be read by students otherwise showing signs of Novice proficiency in their first to second year of Latin. Regardless of classification, *Pīsō Ille Poētulus* is between the 2015 novellas in terms of understandable reading material level, and has the lowest unique word count (108) of all currently published Latin novellas.

Pīsō Ille Poētulus is the first to address the problem of providing understandable poetry with sheltered vocabulary before years three or four of high school. Although this problem pales in comparison to the former, poetry has the potential to be more **compelling** than most genres of writing, and Second Language Acquisition (SLA) research has shown us the benefits of being **compelled** to read understandable messages. There is a similarity between the rhythms of Latin poetry and the rhythms of contemporary music. This connection speaks to students in a **compelling** way. Rhythm is very much a part of modern life, and the rhythm of poetry in this novella is one bridge to the meaning expressed by ancient Romans. To gloss over the meter in Pīsō Ille Poētulus would be a grave error. When accompanied by percussion instruments, the rhythms of Latin poetry are inherently **compelling**, just like songs used in modern language classrooms, and the poetry in Pīsō Ille Poētulus has the benefit of being more understandable than classical poetry (given its sheltered vocabulary).

The content of this novella took no time at all to determine. I have long enjoyed Virgil, whose poetry is utterly polished (despite those half-finished lines of the Aeneid), and who would certainly be a model for our own Piso as he strives to become a poet. As far as I know, the word *poētulus* is not classically attested, but is completely understandable given the formation of other diminutives, and is an appropriate word choice given Piso's age. Regarding classically attested Latin, this is not a work of literature imitating Ciceronian Latin idiom, but instead an educational resource written with high frequency vocabulary designed to get students reading Latin fluently (speed + ease). As such, I will take all criticism of my *Latīnitās* unabashedly, though would gladly accept feedback if you have it. In terms of the narrative, Piso is self-aware regarding his budding poetic panache and metrical mastery. This also reflects the challenge of composing poetry under strict guidelines, such as keeping the word count low while adhering to meter. Therefore, I encourage you to use the 3 spondaic lines included in *Pīsō Ille Poētulus* as teachable moments to discuss the preferred/expected rhythms of Latin poetry, how variations affect the listener, and how certain effects complement the meaning.

  Pīsō Ille Poētulus contains just 108 unique words (excluding names, different forms of words, and meaning established within the text). A current trend is to exclude cognates from the novella's word count. I have not done that, since cognates are not always clear, but a closer look at obvious ones (e.g. *clausae, columna, familia, gladiātor, littera, mē, poēta, stadium, templum, syllabae, etc.*), and other likely recognizable derivatives (e.g. *annōs, audit, frāter, multa, scrībam, urbe, videō, etc.*) would lower the word count to under 90. The *Index Verbōrum* is rather comprehensive, with an English equivalent and example phrases from the text found under each entry. Meaning is established for every different word form in this novella.

Pīsō Ille Poētulus features 22 original lines of dactylic hexameter. You will find notes on reciting Latin poetry in the *Dē Versibus* appendix, as well as resources to improve your own "rhythmic fluency" on my blog (magisterp.com). I highly recommend using the accompanying audio, available for purchase separately, to hear Piso's poetry brought to life.

I am indebted to several members of the Latin Best Practices group for reading *Pīsō Ille Poētulus* during its revisions, as well as the Latin students of Amherst-Pelham Regional High School for their input. Special thanks goes to Ellie, Jacqui Bloomberg, and my wife. I would also like to thank the artist, Lauren Aczon, whose illustrations provided the final touch I was looking for. See more of her artwork on Instagram @leaczon, and/or on her blog, (quickeningforce.blogspot.com).

Magister P[iantaggini]
November 11th, 2016

I
Pīsō sum

salvē! nōmen mihi est Pīsō. in urbe, Rōmā, habitō. puer Rōmānus sum. annōs octō*(8)* nātus sum. puer parvus sum, sed poēta magnus esse volō. māter iam mē audit...

māter: "Quōcum loqueris, Pīsō? Quid est dē poētīs? puer bonus Rōmānus dēbet esse mīles,[1] nōn poēta! nōnne vīs esse mīles sīcut pater? Quid agunt[2] poētae?"

---

[1] **mīles** *soldier*
[2] **Quid agunt?** *What do they do?*

Pīsō nōn loquitur. ad mēnsam it.

Quid agunt poētae? QUID AGUNT POĒTAE?! poētae versūs pulchrōs scrībunt, et carmina pulchra canunt.[3] ecce, versus:

"arma virumque canō,
Trōiae quī prīmus ab ōrīs"[4]

versus pulcher est, sed nōn est meus. versum ego nōn scrīpsī—Vergilius scrīpsit. frāter, Rūfus, iam mē audit...

Rūfus: "Quis est Vergilius? estne mīles? habetne arma?[5] estne gladiātor? pugnatne in amphitheātrō?[6]

---

[3] **carmina canunt** *recite poems*
[4] *"I sing of war and a man, who, first from the shores of Troy"*
[5] **arma** *weapons*
[6] **pugnatne in amphitheātrō?** *Does he fight in the amphitheater?*

Pīsō: "Vergilius neque mīles neque gladiātor est! poēta ERAT. poēta magnus erat, Rūfe...Fūfe!"

Rūfus: "nōmen mihi RŪŪŪŪŪŪFUS est, nōn RŪFUS FŪFUS! versus tuus mihi nōn placet! poētae mihi nōn placent!"

nōmen frātrī "Rūfus" est, sed Pīsō eum "Rūfum Fūfum" vocat. "Fūfus" pulchrum verbum nōn est. ergō, Rūfus nōn laetus est. ā mēnsā it. Pīsō eum iam nōn videt.

versus Rūfō nōn placet, sed MEUS NŌN EST! est versus Vergiliī dē carmine, Aenēide. ecce, versus prīmus(1ˢᵗ) meus:

"nōn nātus sum trēs annōs, sed sum octō ego Pīsō"

placetne tibi versus meus? Rūfō nōn placet. is[7] annōs trēs(3) nātus est, et vult esse mīles. mātrī nōn placet quia māter vult mē esse mīlitem sīcut pater. versus neque mātrī neque Rūfō placet! ergō, meōs versūs ego sōlus scrībō, sed laetus sum.

Pīsō rīdet.

audīvistīne? littera "s" mihi placet (*ergō, meōs versūs ego sōlus scrībō, sed laetus sum*). litterae mihi placent. syllabae mihi placent. verba mihi placent. scrībere sōlus mihi placet. Cūr? poēta parvus sum. poētulus sum. ego sum Pīsō Ille Poētulus!

---

[7] **is** *he*

II
Vergilius poēta

Vergilius poēta magnus erat. versūs pulchrōs, sed nōn multōs cotīdiē scrībēbat. putō eum scrīpsisse[8] trēs versūs cotīdiē. tantum trēs! Martiālis quoque poēta erat, sed versūs Vergiliī pulchriōrēs sunt quam versūs Martiālis. ecce, versus meus dē Vergiliō:

"Vergilius scrīpsit, versūsque cotīdiē erant trēs"

Pīsō frātrem, Rūfum, videt.

---

[8] **putō eum scrīpsisse...** *I think that he wrote...*

Rūfus: "Quōcum loqueris, Pīsō? Cūr dē magnō poētā canēbās? Vergilius nōn magnus erat. tantum trēs versūs cotīdiē scrībēbat! gladiātōrēs et mīlitēs agunt magis quam Vergilius! semper pugnant!

Pīsō cum Rūfō nōn loquitur. ā mēnsā, et ā Rūfō it.

Vergilius semper canēbat. ergō, semper canō. multa dē vītā meā canō. ecce, versus meus:

**"semper multa canō,
dē vītā multa canō iam"**

placetne tibi? nōn mihi placet. Cūr? quia verba "multa canō"  nōn semel*(1x)*, sed bis*(2x)* scrībuntur.

Rūfus audīvit Pīsōnem.

Rūfus: "neque versus mihi placet!"

Pīsō: "sānē,[9] nōndum sum poēta magnus sīcut Vergilius, Rūfe Fūfe!"

Rūfus nōn laetus est. ad mātrem it quia annōs trēs nātus est. Pīsō eum iam nōn videt.

cotīdiē multōs versūs scrībō—nōn tantum trēs sīcut Vergilius! versūs iterum iterumque scrībō, et iterum iterumque illōs canō. Vergilius tantum versūs bonōs scrīpsit. ego versūs et bonōs et malōs scrībō. nōndum poēta magnus sum, sed erō.

---

[9] **sānē** *clearly*

III
pater mīles

in familiā meā sunt māter et pater et frāter, Rūfus, sed eum "Rūfum Fūfum" vocō. Rūfus semper est domī cum mātre. pater semper abest.

pater est mīles in exercitū[10] Rōmānō. exercitus Rōmānus magnus est. iam, pater cum exercitū abest. exercitus Rōmānus in Britanniā iam pugnat.

 pater gladium habet quia mīles est. scūtum quoque habet. gladius et scūtum arma sunt. arma nōn mihi placent. verba mihi magis placent! Vergilius ipse[11] versūs dē Aenēā et

---

[10] **exercitū** *army*
[11] **Vergilius ipse** *Virgil, himself*

armīs scrīpsit. ergō, dē armīs scrībere dēbeō. māter iam mē audit...

māter: "Quōcum loqueris, Pīsō? sōlus es! vidēsne arma patris? Rūfus vult vidēre arma. nōnne tibi placent arma beāta[12] patris?"

Pīsō: "nōn. nōn mihi placent. versūs mihi magis placent, māter!"

Pīsō ad mēnsam it.

ecce, gladius et scūtum! arma patris sub mēnsā sunt.

---

[12] **arma beāta** *magnificent weapons*

arma beāta nōn amō, sed verba pulchra amō. ergō, dē armīs canam:

"arma patris videō,
sub mēnsā mīlitis arma"

"ecce habet arma pater,
gladium scūtumque beātum"

māter Pīsōnem audit. familia vult Pīsōnem esse mīlitem. nōn vult eum esse poētam. māter ad Pīsōnem lentē it...

IV
frātrem nōn amō

Pīsō dē armīs canit. māter subrīdet.

māter: "Pīsō, versūs tuī dē armīs sunt! mīles esse dēbēs! nōnne vīs esse mīles sīcut pater?"

Pīsō mātrem audit, sed nōn loquitur. Rūfus mātrem audit. ad mātrem it.

Rūfus: "māter, mīles esse volō! mīles esse volō! mīīīīles essssse volōōōōō!"

māter: "Rūfe, puer bonus es! vīs esse mīles. ego et pater laetī sumus!"

māter subrīdet. Pīsōnem videt. iam nōn subrīdet. Rūfus est laetus, sed Pīsō laetus nōn est. Pīsō ā familiā, et domō it.[13] iam ē domō stat.

sumne ego puer malus? māter vult mē esse mīlitem sīcut pater. ego nōlō esse mīles! familia mē amat, sed Rūfum magis amat.

Pīsō versūs trēs scrībit, et canit:

**"semper abest pater et,
Rūfus cum mātre domī est hīc"**

**"māter amātur sānē ā mē,
pater et quoque amātur"**

**"Rūfum nōn ego amō,
sed eum pater ipse amat ēheu!"**

---

[13] **domō it** *goes out of the house*

Rūfum nōn amō. Rūfus annōs trēs nātus est. cotīdiē mēcum loquitur. eum audiō, sed is Latīnē nōn bene loquitur. ergō, nōn erit poēta quia Latīnē nōn bene loquitur. litterae eī nōn placent. syllabae eī nōn placent. verba eī nōn placent, sed arma eī placent. Rūfus mīles bonus laetus erit.

pater cum Rūfō dē armīs cotīdiē loquitur, sed mēcum dē litterīs et syllabīs et verbīs et versibus nōn loquitur. pater Rūfum magis amat. ēheu! volō patrem loquī mēcum! Quid agam?[14]

Pīsō patrem in animō volvit.[15] fessus est.

---

[14] **Quid agam?** *What should I do?*
[15] **in animō volvit** *thinks about*

V
vir magnus

Pīsō virum magnum videt. mīles est. mīles gladium Pīsōnī dat.

    mīles: "ecce, puer, gladius tuus."

    Pīsō: "Quid?! gladius meus? gladium nōn habeō!"

    mīles: "est gladius tuus! exercitus ad Britanniam it. cum exercitū īre dēbēs."

    Pīsō: "Cūr ad Britanniam cum exercitū īre dēbeō? tantum octō annōs nātus sum!"

mīles: "Cūr?! quia puer bonus Rōmānus es. in exercitū Rōmānō es. mīles es!"

Pīsō: "mīles sum?! ēheu!"

subitō, Pīsō surgit. dormiēbat! laetus est quia tantum dormiēbat.

Pīsō: "mīles nōn sum—sed, dē patre—Quid agam?"

VI
columnae trēs

in urbe habitāmus. urbs est Rōma. annōs trēs hīc Rōmae habitāmus, sed dē Hispāniā sumus. Hispānia pulchra erat, sed Rōma pulchrior est. habitāre hīc amō. pater habitāre hīc quoque amat.

Pīsō patrem et Rōmam in animō volvit. subitō, laetus est!

Rōmam amō, et pater Rōmam quoque amat! carmen bonum dē Rōmā canam, et pater laetus erit! laetus, pater mēcum loquētur!

ergō, Pīsō per Rōmam it ad carmen scrībendum.[16] *multa Rōmae videt.*

---

[16] **ad carmen scrībendum** *in order to write a poem*

subitō, columnās trēs videt. columnae eī placent. ad columnās it.

ecce, columnae trēs! sunt multae columnae hīc Rōmae. columna prīma est Dōrica. columnae Dōricae mihi placent. inornātae[17] sunt.

---

[17] **inornātae** *undecorated, simple*

inornāta mihi placent. sunt pulchra et beāta. inornāta patrī quoque placent quia mīles est—mīlitēs nōn habent multa.

vir videt Pīsōnem, et eum audit. ad Pīsōnem it.

    vir: "salvē, puer! Quōcum loqueris? nōnne dēbēs esse domī cum mātre?"

vir mīles est. mīles versūs nōn probet.[18] ergō, Pīsō nōn loquitur. vir rīdet et ā Pīsōne it.

ecce, columna tertia*(3ʳᵈ)* Corinthia! columnae Corinthiae inornātae nōn sunt! nōn tam mihi placent quam[19] Dōricae.

---

[18] **versūs nōn probet** *wouldn't approve of the poetry*
[19] **nōn tam...quam...** *...not as much as...*

 columna secunda(2nd), quae Iōnica est, inornātior est quam Corinthia, sed nōn tam inornāta quam Dōrica est. Dōrica mihi magis placet.

Pīsō dē columnā Dōricā canit:

**"ecce columna hīc est,
quae pulchra est Dōrica nōnne?"**

placetne tibi, columna? versus patrī placēbit quia inornāta amat.

Pīsō rīdet quia cum columnā loquitur. loquī cum columnā nōn bonum est, sānē!

columna: "versus tuus mihi placet!"

Pīsō columnam audīvit. iam nōn rīdet. ā columnā lentē it. columnam videt, sed columna neque movet neque iam loquitur. Pīsō ipse neque iam movet neque laetus est.

Pīsō: "salvē?! Quis es? esne hīc, frāter? Rūfe, cum mātre domī esse dēbēs!"

"versus tuus mihi placet!"

estne Rūfus hīc? Pīsō tantum columnam videt. audīvitne columnam? putat sē esse īnsānum![20] ad columnam lentē it, et prope columnam stat.

Rūfus abest. Pīsō sōlus est. estne locūta columna?[21]

---

[20] **putat sē esse īnsānum!** *thinks he's insane!*
[21] **estne locūta columna?** *Did the column speak?*

VII
salvēte, Mūsae!

subitō, columna iterum loquitur.

columna: "versus tuus bonus est, Pīsō! mihi placet."

Pīsō īnsānus nōn est. columna loquitur! Pīsō vultum[22] in columnā videt! ad columnam lentē it.

Pīsō: "Quid...an...Quis es?"

---

[22] **vultum** *face*

columna: "Mūsa sum. nōmen mihi est Aoedē."

subitō, Pīsō Aoedeam super columnam videt! pulchra est! Aoedē rīdet.

Pīsō: "salvē, Aoedē! Quid est Mūsa?"

Aoedē: "Mūsa dea est. Mūsae verba poētīs dant."

Pīsō Vergilium in animō volvit.

Pīsō: "Vergilius Mūsam vocat in carmine, Aenēide. volēbatne Vergilius verba ā Mūsā?"

Aoedē: "cum verba nōn habēret,[23] Vergilius ipse semper mē vocābat."

subitō, Pīsō Mūsam secundam et tertiam super columnās videt! Mūsae pulchrae quoque sunt.

---

[23] **verba nōn habēret** *whenever he didn't have words*

columna secunda: "salvē! nōmen mihi est Mnēmē."

columna tertia: "salvē, Pīsō! Meletē est nōmen mihi."

Pīsō: "salvēte, Mūsae!"

Mnēmē: "Cūr dē columnā canēbās, Pīsō?"

Pīsō: "dē columnā canēbam quia carmen dē Rōmā scrībere volō."

Meletē: "Cūr carmen dē Rōmā vīs?"

Pīsō: "quia pater Rōmam amat. carmen bonum dē Rōmā eī dare volō, sed verba bona nōn habeō."

Mūsae loquuntur. Pīsō Mūsās nōn audit.

Aoedē: "Pīsō, versus tuus dē columnā est bonus. volō tē scrībere carmen. ergō, verba tibi dare volō. cum verba vīs,[24] mē ter*(3x)* vocā! sōlus nōn es!"

---

[24] **cum verba vīs** *when you want the words*

subitō, Mūsae super columnās nōn sunt. Pīsō Mūsās neque videt neque audit. tantum columnās videt. columnae neque movent neque loquuntur.

Pīsō laetus est. deās vīdit! subrīdet, et canit:

"ecce poētulus hīc,
Mūsae dant verba mihī iam!"

VIII
Palātium et Circus Maximus

Pīsō laetus est quia Mūsās vīdit. mox, Aoedē verba eī dābit! Pīsō per Rōmam it ad carmen scrībendum. multa videt, et dē Rōmā scrībit. iam prope Palātium stat.

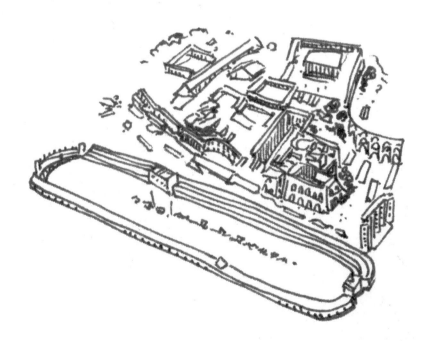

ecce, Palātium! Palātium mihi placet. Palātium est collis.[25] est ūnum*(1)* ē collibus Rōmānīs. sunt septem*(7)* collēs Rōmae. Palātium collis prīmus erat. ōlim, rēgēs[26] in colle Palātiō habitābant.

pater ad Palātium cotīdiē it. rēgēs Rōmānōs in animō volvit. ergō, versus meus dē Palātiō eī placēbit.

Pīsō versum scrībit, et canit:

"Rōma est urbs pulchra et, septem collēs habet illa!"[27]

---

[25] **collis** *hill*
[26] **rēgēs** *kings*
[27] **illa** *she (Rome)*

 *in Palātiō, duo(2) virī Pīsōnem audiunt.*

loquentēs, virī ad Pīsōnem eunt.

vir prīmus: "Cūr puer parvus dē collibus Rōmānīs canit? putatne sē esse[28] poētam?"

vir secundus: "poēta?! puer parvus mīles, nōn poēta, esse dēbet!"

virī rīdent. virī versūs nōn probant. ergō, Pīsō nōn loquitur. iam ad stadium it.

---

[28] **putatne sē esse...?** *Does he think he's...?*

stadium prope Palātium est. nōmen eī est Circus Maximus. Pīsō in stadium it. magnum est! in stadiō Pīsō iam stat.

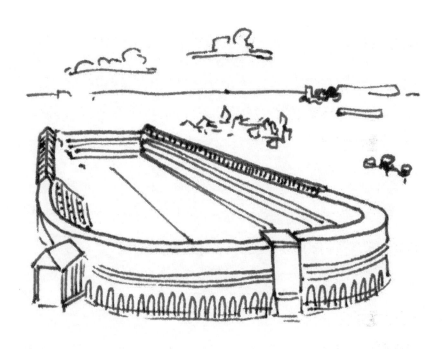

ecce, Circus Maximus! multī Rōmānī ad Circum Maximum eunt, et lūdōs[29] vident. mātrī et Rūfō ad Circum Maximum īre placet. lūdī mihi nōn placent. versūs mihi placent!

---

[29] **lūdōs** *games*

Pīsō versum scrībit, et canit:

**"Maximus est Circus,
sed nōn placet īre mihī iam"**

Pīsō ē stadiō, et ad Forum Rōmānum it ad carmen scrībendum.

IX
Forum Rōmānum
et Templum Iānī

ecce, Forum Rōmānum! multī Rōmānī ad Forum eunt ad negōtium agendum.[30] multa templa quoque in Forō Rōmānō sunt. Templum Iānī hīc est! Iānus deus est. est deus inceptōrum.[31]

---

[30] **ad negōtium agendum** *in order to do business*
[31] **deus inceptōrum** *god of beginnings*

vir audit Pīsōnem.

vir: "salvē, puer! Quōcum loqueris? sōlus es! parvus puer in Forō esse nōn dēbet! Quid est nōmen tibi? Quis est māter tua?"

Pīsō nōn loquitur. per Forum it. templum parvum videt.

prope parvum templum Pīsō iam stat.

Iānus est deus inceptōrum. cum poētae scrībere carmen incipiant,[32] Iānum vocāre dēbent!

Templum Iānī hīc est. iānuās duās habet. iānuās duās habet quia deus, Iānus, vultūs duōs habet! ego ūnum vultum habeō, sānē! Mūsa, Aoedē, quoque ūnum vultum habet. tantum deus, Iānus, vultūs duōs habet!

cum pāx sit,[33] iānuae clausae sunt, et laetus sum! Cūr? laetus sum iānuīs clausīs[34] quia exercitus est Rōmae, et pater ipse est domī.

---

[32] **cum incipiant** *whenever they begin*
[33] **cum pāx sit** *whenever there is peace*
[34] **iānuīs clausīs** *when the doors are closed*

laetus nōn sum iānuīs apertīs[35] quia pater ad Britanniam it, et cotīdiē sum domī cum mātre et Rūfō. cum exercitus pugnet,[36] iānuae apertae sunt. iam iānuae sunt apertae. ergō, pater abest.

Pīsō mīlitem videt. mīles ad Templum Iānī it. subitō, iānuae ā mīlite clausae sunt! Pīsō ad mīlitem it.

Pīsō: "salvē, mīles! Quid agis?"[37]

mīles: "pāx iam est. exercitus ā Britanniā Rōmam it. hīc Rōmae mox erit. ī domum ad mātrem, puer!"

Pīsō laetus est. nōn domum it.

---

[35] **iānuīs apertīs** *after the doors are opened*
[36] **cum exercitus pugnet** *whenever the army fights*
[37] **Quid agis?** *What are you doing?*

exercitus prope Rōmam est! pater domī mox erit, sed iam domum īre ego nōlō. dē templō scrībere volō!

Pīsō templum in animō volvit.

Templum Iānī Augustō placēbat. Augustus neque mīles neque rēx,[38] sed imperātor[39] prīmus erat. magnus erat. Augustus ipse volēbat Vergilium scrībere carmen. ergō, Vergilius Aenēidem scrīpsit. Vergilius carmen Augustō dedit sīcut ego carmen patrī dābō. Augustus cum Vergiliō loquēbātur. ergō, pater mēcum mox loquētur!

---

[38] **rēx** *king*
[39] **imperātor** *emperor*

Augustus pācem fēcit,[40] et iānuās
clausit. iānuās clausit neque
semel neque bis. Augustus
pācem fēcit, et iānuās ter
clausit! ego versum ūnum
neque semel neque bis, sed
ter canam!

*Pīsō versum ūnum dē Augustō ter
canit:*

**"Augustus fēcit pācem,
sed nōn semel is ter"**

**"Augustus semel is nōn,
sed ter fēcit pācem"**

**"is semel Augustus,
pācem nōn fēcit sed ter"**

---

[40] **pācem fēcit** *made peace*

versūs nōn amō.
Cūr? versūs nōn
bene scrībuntur.
multae syllabae
lentē canuntur in
versū prīmō *(Au gus tus fē cit pā cem sed nōn)*, secundō *(lis nōn sed ter fē cit pā cem)*, et tertiō *(Au gus tus pā cem nōn fē cit sed ter)*. Vergilius versūs nōn probet, sed poētulus iam sum, sānē!

Pīsō rīdet.

ego versūs malōs scrīpsī. nōndum poēta magnus sum, sed mox erō. magis scrībere dēbeō!

Pīsō per Rōmam it ad carmen scrībendum.

X
Amphitheātrum Flāvium
et Panthēum

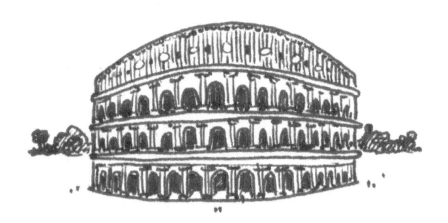

ecce,   Amphitheātrum   Flāvium![41]
magnum   est   amphitheātrum—nōn—
immāne[42]   est!   multī   Rōmānī   ad
Amphitheātrum   Flāvium   eunt,   et
gladiātōrēs   vident.   in   amphitheātrō
gladiātōrēs   gladiīs   et   multīs   armīs[43]

---

[41] **Amphitheātrum Flāvium** *The Colosseum*
[42] **immāne** *immense, giant*
[43] **gladiīs et multīs armīs** *with swords and many weapons*

pugnant. pater gladiātōrēs amat quia in Britanniā is quoque pugnat! dē amphitheātrō canam:

"amphitheātrum magnum est, et sānē immāne ecce!"

in versū multae syllabae lentē canuntur (*ā trum mag num'st et sā n'im mā n'ec ce*), sed versus bonus est. Cūr? quia versūs pulchrī dē magnīs[44] lentē canuntur. Amphitheātrum Flāvium immāne est, sānē! ergō, Vergilius probet.

vir magnus audit Pīsōnem.

vir magnus: "Cūr puer parvus dē amphitheātrō canit? puer Rōmānus bonus dēbet pugnāre, nōn canere!"

---

[44] **dē magnīs** *about big things*

vir magnus rīdet. gladiātor est. versum Pīsōnis nōn probat. ergō, Pīsō nōn loquitur.

gladiātōrēs patrī, mātrī, et Rūfō placent. gladiātōrēs pugnantēs pater amat, sed vultūs gladiātōrum māter amat! arma gladiātōrum Rūfus amat. neque gladiātōrēs neque arma, sed verba et templa mihi placent!

Pīsō ex amphitheātrō, et ad templum, Panthēum, it. iam prope templum magnum stat.

ecce, Panthēum! Panthēum magnum templum est. Panthēum mihi magis placet quam Templum Iānī. Cūr? est templum deī magnī, Iovis. deus, Iuppiter, Rōmam amat. pater Rōmam amat, et ego Rōmam quoque amō. ergō, dē Iove et templō canam:

**"Iuppiter Rōmam amat et,
Panthēum templum amat ipse"**

Pīsō per Rōmam it. scrībit et scrībit et scrībit. canit et canit et canit. fessus est. prope Panthēum iam dormit.

XI
Mūsa immānis

subitō, Pīsō Mūsam immānem videt.

Mūsa: "ecce, Pīsō, verba tua!"

Pīsō: "Quid?! mala sunt. Cūr verba mala mihi dās?!"

Mūsa: "poēta malus es, Pīsō. versūs malōs sīcut mīles scrībis. ergō, verba mala tibi dō.

Pīsō: "ēheu! octō annōs nātus sum! scrībere versūs mihi placet! poēta magnus esse volō!

Mūsa: "pater nōn tē amat. mīles esse dēbēs!"

Mūsa immānis rīdet. subitō, Pīsō surgit. dormiēbat! laetus est quia tantum dormiēbat.

Pīsō: "pater domī mox erit! versūs scrībam, carmen patrī dābō, et pater mēcum loquētur. versūs multōs scrībere iam dēbeō!"

XII
carmen dē Rōmā

Pīsō versūs multōs scrīpsit. iam carmen vult.

Pīsō: "carmen scrībere incipiō. deum, Iānum, vocāre dēbeō quia deus inceptōrum est."

ad Forum Rōmānum Pīsō iterum it.

Pīsō in Forō stat. Templum Iānī iterum videt, et Iānum vocat...

Pīsō: "Iāne, carmen scrībere incipiō!"

Pīsō Iānum neque audit neque videt, sed Iānus eum audīvit quia deus est, sānē! Pīsō subrīdet, et ad Palātium iterum it. in Palātiō, scrībere incipit:

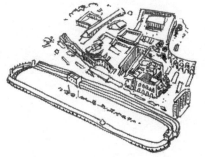

Palātium ecce—

Pīsō: "versus nōn sīcut Vergilius est. sīcut poēta, Martiālis, est!"

Pīsō verba bona dē Palātiō nōn habet. ad Circum Maximum it.

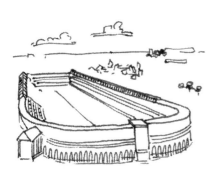

prope stadium iam stat. lūdōs et syllabās in animō volvit. subrīdet, et iterum scrībit:

Circus Maximus mihi placet—

Pīsō laetus nōn est. iam nōn subrīdet.

Pīsō: "ēheu! versus neque sīcut Martiālis neque sīcut Vergilius est! malus est!"

Pīsō putat sē esse īnsānum! ad Forum iterum it. Forum et verba in animō volvit.

versum tertium scrībit:

Rōmānī in Forō negōtium agunt—

versus tertius malus quoque est. versum tertium Pīsō nōn bene scrīpsit. laetus nōn est. scrībit et scrībit et scrībit, sed versūs malī sunt!

Pīsō: "versūs scrīpsī sīcut mīles! sumne poētulus malus?!"

Pīsō per Forum it. multa videt, sed verba bona nōn habet. nōn laetus est. ē Forō, et per Rōmam it. ad columnās iterum it. prope columnās iam stat.

Mūsās in animō volvit.

Pīsō: "Iānum vocāvī, sed iam Aoedeam vocāre dēbeō. Aoedē verba bona mihi dābit."

Pīsō Aoedeam vocat ter...

Pīsō: "Mūsa, verba volō! Mūsa, verba volō! Mūsa, verba volō!"

Aoedē Pīsōnem audīvit. subitō, Pīsō Aoedeam super columnam videt!

Aoedē: "Pīsō, poētulus iam es, sed auctor[45] magnus mox eris. nōnne sīcut Vergilius vīs esse? Vergilius ipse Aenēidem lentē scrībēbat. tantum trēs versūs cotīdiē scrībēbat! ergō, verba bona tibi dābō, sed carmen lentē scrībe, Pīsō!"

Aoedē locūta est. verba multa, bona, et pulchra Pīsōnī dedit. subitō, Aoedē super columnam nōn est!

Pīsō subrīdet, et versūs lentē scrībit. scrībit et scrībit et scrībit...

---

[45] **auctor** *author*

Pīsō carmen dē Rōmā scrīpsit. iam canit:

**"Mūsa mihī dā verba tua et,
quia in urbe sumus iam"**

**"ecce Palātium et hīc,
ōlim hīc rēgēs habitābant"**

**"ecce meum carmen,
Mūsae dant verba mihī iam"**

**"Vergiliusne probet,
versūs quōs scrībō ego Pīsō?"**

**"illōs nōn probet auctor sed,
pater ipse probābit!"**

Pīsō laetus est, et per urbem it. columnās, collēs, stadium, Forum, amphitheātrum, Panthēum, et multa templa videt. ex urbe it. exercitum audit. exercitum prope urbem videt! exercitus iam Rōmam it!

mīlitēs in urbem eunt. Pīsō mīlitēs multōs videt. patrem nōndum videt, sed exercitus Rōmānus magnus est.

Pīsō stat et stat et stat. mīlitēs multōs videt et videt et videt. exercitus est immānis! Pīsō fessus est. iam dormit prope urbem. dormit et dormit et dormit.

Pīsō surgit. fessus est, sed carmen habet. carmen patrī dare vult. mīlitēs videt. multī mīlitēs in urbem eunt. mīlitēs multa arma inornāta habent. Pīsō multa arma videt, sed arma patris nōn videt. patrem nōn videt.

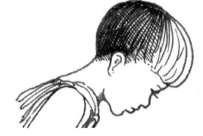

nōnne pater Pīsōnis cum exercitū est?

…dormitne Pīsō?

Dē Versibus

The trick to reciting Latin poetry is actually to pronounce Latin **exactly as you normally would** (e.g. accent, and syllable length) just without stopping after each word. The challenge is being aware of when vowels drop between words. I highly recommend using the accompanying audio, available for purchase separately, to hear Piso's poetry while following along with the recitation notes below. Visit magisterp.com under *Rhythmic Fluency* for additional metrical resources and an explanation of the alternative scansion practice (vs. traditional scansion practice). Briefly, though, anything not underlined or without a macron is short. Long vowels and syllables are pronounced about twice as long as short ones.

The following key applies throughout:

ā, ē, ī, ō, ū = *long vowels*
Underlined = *long syllable*
Bold = *accented syllable*
` = *vowels drop between syllables*

I - **Pīsō** sum

arma vi**rum**que **ca**nō,
trōiae quī **prī**mus a**b** ōrīs

nōn **nā**tus sum trē**s an** nōs,
sed **s'oct'e**go **Pī**sō

II - Ver**gi**lius po**ē**ta

Ver**gi**lius **scrīp** sit,
ver **sūs** que cotīdi'**e**rant trēs

sem per **mul**ta **ca**nō,
dē **vī**tā **mul**ta **ca**nō iam

III - **pa**ter **mī**les

arma **pat**ris vi deō,
sub **mēn**sā **mī**liti**s ar**ma

ecc'habe**t ar**ma **pa**ter,
gladium scū**tum**que be**ā**tum

IV - **frā**trem nōn **a**mō

semper **a**best **pa**ter et,
Rūfus cum **mā**tre **do**m'est hīc

māter a**mā**tur **sā**n'ā mē,
pater et **quo**qu'a**mā**tur

Rūfum nōn **eg'a**mō,
se**d** e**um pa**te**r ips'a**mat **ē**heu!

VI - co**lum**nae trēs

ecce co**lum**n'hīc est,
quae **pul** chra'st **Dō**rica **nōn**ne?

VII - sal**vē**te, **Mū**sae!

ecce poē**tu**lus hīc,
Mūsae dant **ver**ba **mi**hī iam

VIII - Palātium et **Cir**cus **Max**imus

Rōma's t urbs **pul** chr'et,
sep tem **col** lēs habet illa!

Maximus est **Cir** cus,
sed nōn **pla**cet īre **mi**hī iam!

IX - **For**um Rō**mā**num et **Tem**plum **Iā**nī

Au **gus** tus **fē**cit **pā**cem,
sed nōn **se**mel is ter

Au **gus** tus **se**mel is nōn,
sed ter **fē**cit **pā**cem

is **se**mel Au **gus** tus,
pācem nōn **fē**cit sed ter

X - Amphitheātrum **Flā**vium et Pan**thē**um

amphitheāt rum **mag** num'st,
et **sā**n'im**mā**n'**ec**ce!

Iuppite'**Rōm'a**mat et,
Pan**thē**um **templ'**ama**t ip**se

XII - **car**men dē **Rō**mā

Pa**lā**ti'**ec**ce—

Cir cus **Max**imus **m**ihi **pla**cet—

Rō**mā**n'in **Fo**rō ne**gō**ti'**a**gunt—

Mūsa **mi**hī dā **ver**ba **tu**'et,
qui'**in ur**be **su**mus iam

ecce Palāti'et hīc,
ōli'hīc rēgēs habitābant

ecce **me**um **car** men,
Mūsae dant **ver**ba **mi**hī iam

Vergili**us**ne **pro**bet,
ver sūs quōs **scrīb**'ego **Pī**sō?

il lōs nōn **pro**bet **auc** tor sed,
pater **ip**se pro**bā**bit!

Index Verbōrum

ā/ab *by, from, away from*
    īre ab *to go away from*
    amātur ā mē *is loved by me*
    volēbat verba ā Mūsā *wanted words from a Muse*
    ā mīlite clausae sunt *were closed by a soldier*
abest (ab + est) *is away*
    semper abest *is always away*
    cum exercitū abest *is away with the army*
ad *to (toward), in order to*
    īre ad *to go towards*
    ad carmen scrībendum *in order to write a poem*
    ad negōtium agendum *in order to do business*
Aenēās *Aeneas, Trojan hero and ancestor of the Romans*
    Aenēā *Aeneas*
    dē Aenēā *about Aeneas*
Aenēide *The Aeneid, Virgil's epic poem*
    dē Aenēide *from The Aeneid*
    Aenēidem *The Aeneid*
    Aenēidem scrīpsit *wrote the Aeneid*
    Aenēidem lentē scrībēbat *wrote the Aeneid slowly*
agam *I might do*
    Quid agam? *What should I do?*
agendum *in order to do*
    ad negōtium agendum *in order to do business*
agis *you are doing*
    Quid agis? *What are you doing?*
agunt *they do*
    Quid agunt? *What do they do?*
    agunt magis quam Vergilius *they do more than Virgil*
    negōtium agunt *they do business*
amat *loves*
    mē amat *loves me*
    Rūfum magis amat *loves Rufus more*
    pater ipse amat *father himself loves*
    habitāre hīc amat *loves living here*
    Rōmam amat *loves Rome*
    inornāta amat *loves simple things*
    gladiātōrēs amat *loves gladiators*

vultūs gladiātōrum amat *loves gladiators' faces*
arma amat *loves weapons*
tē amat *loves you*
amātur *is loved*
amātur ā mē *is loved by me*
amō *I love*
arma nōn amō *I don't love weapons*
verba amō *I love words*
frātrem nōn amō *I don't love my brother*
habitāre hīc amō *I love living here*
Rōmam amō *I love Rome*
versūs nōn amō *I don't love the lines of poetry*
Amphitheātrum *Flāvium* Flavian Amphitheater, The Colosseum
amphitheātrō *amphitheater, a round or oval stadium*
in amphitheātrō pugnāre *to fight in an amphitheater*
dē amphitheātrō canere *to sing about the amphitheater*
ex amphitheātrō īre *to go out of the amphitheater*
amphitheātrum *amphitheater*
amphitheātrum magnum *big amphitheater*
amphitheātrum videt *sees the amphitheater*
animō *in the mind*
in animō volvit *revolves in the mind (i.e. thinks about)*
annōs *years*
annōs octō nātus sum *I'm eight years old*
annōs trēs nātus est *is three years old*
annōs trēs hīc habitāmus *we've lived here for three years*
Aoedē *Aoide, the Muse of poetry*
Aoedeam *Aoide*
Aoedeam videt *sees Aoide*
Aoedeam vocāre dēbeō *I ought to call Aoide*
Aoedeam vocat *calls Aoide*
apertae *open (more than one)*
iānuae apertae *open doors*
apertīs *opened (more than one)*
iānuīs apertīs *after the doors are opened*
arma *weapons, armor*
arma canere *to sing of weapons (i.e. war)*
arma placēre *to like weapons*
arma vidēre *to see weapons*
arma patris sub mēnsā *father's weapons under the table*
arma amāre *to love weapons*
arma mīlitis *a soldier's weapons*

armīs *weapons*
    dē armīs *about weapons*
    multīs armīs pugnant *they fight with many weapons*
auctor *author*
    auctor magnus *great author*
    probet auctor *the author would approve*
audit *hears*
    mē audit *hears me*
    Pīsōnem audit *hears Piso*
    mātrem audit *hears mother*
    neque videt neque audit *neither sees nor hears*
    exercitum audit *hears the army*
audīvistīne? *Did you hear?*
    audīvistīne? *Did you hear?*
audīvit *heard*
    Pīsōnem audīvit *heard Piso*
    columnam audīvit *heard the column*
    eum audīvit *heard him*
audīvitne? *Did he hear?*
    audīvitne columnam? *Did he hear the column?*
Augustus *Augustus, first Emperor of Rome*
    Augustō *Augustus*
    Augustō placēbat *Augustus liked*
    carmen Augustō dedit *gave a poem to Augustus*
    dē Augustō canere *to sing about Augustus*
beāta *magnificent (more than one)*
    arma beāta *magnificent weapons*
    inornāta beāta *simple, magnificent things*
    beātum *magnificent*
    gladium scūtumque beātum *magnificent sword and shield*
bene *well*
    bene loquī *to speak well*
    bene scrībere *to write well*
bis *twice*
    bis scrībuntur *are written twice*
    nōn semel, sed bis *not once, but twice*
bona *good (more than one)*
    verba bona *good words*
    bonōs *good (more than one)*
    versūs bonōs *good poetry*
    bonum *good*
    carmen bonum *good poem*

nōn bonum *not a good thing*
bonus *good*
  puer bonus *good boy*
  mīles bonus *good soldier*
  versus bonus *good poetry*
<u>**Britannia**</u> *Britain, the Roman province*
Britanniā *Britain*
  in Britanniā *in Britain*
  ā Britanniā *away from Britain*
Britanniam *Britain*
  ad Britanniam īre *to go to Britain*
<u>**canam**</u> *I will sing (recite poetry)*
  dē armīs canam *I will sing about weapons*
  dē Rōmā canam *I will sing about Rome*
  ter canam *I will sing three times*
  dē amphitheātrō canam *I will sing about the amphitheater*
  dē Iove canam *I will sing about Jove/Jupiter*
  dē templō canam *I will sing about the temple*
canēbam *I was singing (reciting poetry)*
  dē columnā canēbam *I was singing about the column*
canēbās *you were singing (reciting poetry)*
  Cūr canēbās? *Why were you singing?*
canēbat *was singing (reciting poetry)*
  semper canēbat *was always singing*
canere *to sing (recite poetry)*
  canere dēbet *ought to sing*
canit *sings (recites poetry)*
  dē armīs canit *sings about weapons*
  trēs versūs canit *recites three lines of poetry*
  dē columnā canit *sings about the column*
  versum canit *recites poetry*
  dē collibus canit *sings about hills*
  ter canit *sings three times*
  dē amphitheātrō canit *sings about the amphitheater*
  carmen canit *recites a poem*
canō *I sing (recite poetry)*
  arma canō *I sing about weapons (i.e. war)*
  semper canō *I always sing*
  dē vītā meā canō *I sing about my life*
  multa canō *I sing many things*
  versūs illōs canō *I sing those lines of poetry*

canunt *they sing (recite poetry)*
    carmina canunt *they recite poems*
canuntur *are sung (recited)*
    syllabae lentē canuntur *syllables are sung slowly*
    versūs lentē canuntur *lines of poetry are sung slowly*
<u>**carmen**</u> *song (poem)*
    carmen canere *to recite a poem*
    ad carmen scrībendum *in order to write a poem*
    carmen scrībere *to write a poem*
    cum carmen incipiant *whenever they begin a poem*
    carmen bonum *good poem*
    carmen dare *to give a poem*
    carmen incipere *to begin a poem*
carmina *songs (poetry)*
    carmina canere *to recite poems*
carmine *from the song (poem)*
    dē carmine *from the poem*
    in carmine *in the poem*
<u>**Circum Maximum**</u> *Circus Maximus, chariot-racing stadium*
    ad Circum Maximum īre *to go to the Circus Maximus*
Circus Maximus *Circus Maximus*
<u>**clausae**</u> *closed (more than one)*
    iānuae clausae *closed doors*
clausae sunt *are closed*
    ā mīlite clausae sunt *are closed by the soldier*
clausīs *are closed*
    iānuīs clausīs *when the doors are closed*
clausit *closed*
    iānuās clausit *closed the doors*
<u>**colle**</u> *hill*
    in colle habitābant *they lived on the hill*
collēs *hills*
    septem collēs *there are seven hills*
    collēs habet *has hills*
    collēs videt *sees hills*
collibus *hills*
    ūnum ē collibus *one of the hills*
    dē collibus canit *sings about hills*
collis *hill*
    Palātium est collis *The Palatine is a hill*
    collis prīmus *the first hill*

columna *column*
> columna prīma *the first column*
> estne locūta columna? *Did the column speak?*
> columna loquitur *the column speaks*

columnā *column*
> dē columnā *about the column*
> cum columnā loquī *to speak with the column*
> ā columnā it *goes away from the column*
> in columnā *in the column*

columnae *columns*
> columnae placēre *to like columns*
> columnae trēs *three columns*
> multae columnae *many columns*
> columnae inornātae *undecorated, simple columns*

columnam *column*
> columnam audīvit *heard the column*
> columnam videt *sees a column*
> ad columnam it *goes to a column*
> prope columnam stat *stands near the column*

columnās *columns*
> columnās videt *sees columns*
> ad columnās it *goes to columns*
> prope columnās stat *stands near the columns*

Corinthia *Corinthian, an architectural style*
> **Corinthiae** *Corinthian (more than one)*
> columnae Corinthiae *Corinthian columns*

cotīdiē *every day*
> cotīdiē scrībere *to write every day*
> cotīdiē mēcum loquitur *speaks with me every day*
> cotīdiē sum domī *I'm home every day*

cum *with, when, whenever*
> loquī cum *to speak with*
> cum mātre *with mother*
> cum exercitū *with the army*
> cum verba nōn habēret *whenever he didn't have words*
> cum verba vīs *when you want the words*
> cum poētae scrībere incipiant *whenever poets begin to write*
> cum pāx sit *whenever there is peace*
> cum exercitus pugnet *whenever the army fights*

Cūr? *Why?*

dā *give!*
> mihī dā verba! *Give words to me!*

dābit *will give*
    verba eī dābit *will give words to him*
    verba mihi dābit *will give words to me*
dābō *I will give*
    carmen patrī dābō *I will give a poem to father*
    verba tibi dābō *will give words to you*
dant *(more than one) give*
    verba poētīs dant *they give words to poets*
    dant verba mihi *they give words to me*
dare *to give*
    eī dare volō *I want to give him*
    tibi dare volō *I want to give you*
dās *you give*
    Cūr verba mihi dās? *Why are you giving me words?*
dat *gives*
    gladium Pīsōnī dat *gives Piso a sword*
dedit *gave*
    carmen Augustō dedit *gave a poem to Augustus*
    verba Pīsōnī dedit *gave words to Piso*
dē *from, about*
    dē poētīs *about poets*
    dē Hispāniā *from Spain*
dēbent *(more than one) should*
    vocāre dēbent *ought to call*
dēbeō *I should*
    scrībere dēbeō *I ought to write*
    Cūr īre dēbeō? *Why should I go?*
    vocāre dēbeō *I ought to call*
dēbēs *you should*
    esse dēbēs *you ought to be*
    īre dēbēs *you ought to go*
dēbet *should*
    esse dēbet *ought to be*
    dēbet pugnāre *ought to fight*
dea *goddess*
    Mūsa dea est *a Muse is a goddess*
deās *goddesses*
    deās vīdit *saw goddesses*
deī *of the god*
    deī, Iovis *of the god, Jove/Jupiter*
deum *a god*
    deum vocāre *to call the god*

deus *a god*
Iānus deus est *Janus is a god*
deus inceptōrum *the god of beginnings*
deus vultūs duōs habet *the god has two faces*
deus Rōmam amat *the god loves Rome*
dō *I give*
verba tibi dō *I'm giving you words*
domī *at home*
domī cum mātre *at home with mother*
domī mox erit *will be home soon*
domō *out of the house, outside of the house*
domō it *goes out of the house*
ē domō stat *stands outside of the house*
domum *home*
ī domum! *Go home!*
domum īre nōlō *I don't want to go home*
dormiēbat *was sleeping*
tantum dormiēbat *was only sleeping*
dormit *sleeps*
prope Panthēum dormit *sleeps near the Pantheon*
dormit prope urbem *sleeps near the city*
dormitne? *sleeping?*
dormitne Pīsō? *Is Piso sleeping?*
Dōrica *Doric (architectural style)*
Dōricā *Doric*
dē columnā Dōricā *about a Doric column*
Dōricae *Doric (more than one)*
columnae Dōricae *Doric columns*
duās *two*
iānuās duās *two doors*
duo *two*
duo virī *two men*
duōs *two*
vultūs duōs habet *has two faces*
ē/ex *of, out of, outside of*
ē domō stat *stands outside of the house*
ūnum ē collibus *one of the hills*
īre ē/ex *to go out of*
ecce *look!*
ego *I*
ēheu! *oh no!*

eī *to her/him*
    eī placēre *to be pleasing to her/him (i.e. s/he likes)*
    eī dare *to give to her/him*
    nōmen eī est *its name is*
erant *(more than one) were*
    erant trēs *there were three*
  erat *was*
    poēta erat *was a poet*
    pulchra erat *was beautiful*
    prīmus erat *was the first*
  eris *you will be*
    mox eris *soon you will be*
  erit *will be*
    nōn erit poēta *will not be a poet*
    mīles erit *will be a soldier*
    laetus erit *will be happy*
    mox erit *will be soon*
  erō *I will be*
    poēta erō *I will be a poet*
ergō *therefore, so*
es *you are*
    sōlus es! *you're alone!*
    puer bonus es! *you're a good boy!*
    in exercitū es *you're in the army*
    mīles es! *you're a soldier!*
    Quis es? *Who are you?*
    poēta malus es *you're a bad poet*
    poētulus es *you're a little poet!*
  esne? *are you?*
    esne hīc, frāter? *Are you here, brother?*
  esse *to be*
    esse velle *to want to be*
    esse dēbet *ought to be*
    vult me esse... *wants me to be...*
    vult Pīsōnem esse... *wants Piso to be...*
    nōn vult eum esse... *doesn't want him to be...*
    esse dēbēs *you ought to be*
    putat sē esse... *thinks he's...*
  est *is*
    Quid est dē...? *What is it about...?*
  estne? *is?, did?*
    estne gladiātor? *Is he a gladiator?*

estne mīles? *Is he a soldier?*
estne Rūfus hīc? *Is Rufus here?*
estne locūta columna? *Did the column speak?*

et *and*
    et...et... *both...and...*
eum *him*
    eum vocāre *to call him*
    eum videt *sees him*
    putō eum scrīpsisse... *I think that he wrote...*
    vult eum esse... *wants him to be...*
    eum amat *loves him*
    eum audīre *to hear him*
eunt *(more than one) go*
    eunt ad *they go to*
    in urbem eunt *are going into the city*
exercitū *army*
    in exercitū Rōmānō *in the Roman army*
    cum exercitū abest *is away with the army*
    cum exercitū īre *to go with the army*
    exercitum *army*
    exercitum audit *hears the army*
    exercitum prope urbem videt *sees the army near the city*
    exercitus *army*
    exercitus Rōmānus *the Roman army*
    exercitus pugnat *the army is fighting*
    exercitus it ad *the army goes to*
    exercitus est Rōmae *the army is in Rome*
    cum exercitus pugnet *whenever the army fights*
    exercitus it Rōmam *the army is going to Rome*
    exercitus immānis *immense army*
familia *family*
    familia vult Pīsōnem esse... *the family wants Piso to be...*
    familia nōn vult eum esse... *the family doesn't want him to be...*
    familia mē amat *my family loves me*
    familiā *family*
    in familiā meā *in my family*
    ā familiā it *goes away from his family*
fēcit *made*
    pācem fēcit *made peace*
fessus *tired*
    fessus est *is tired*

Forō *Roman Forum, central marketplace of Rome*
    in Forō *in the Forum*
    ē Forō it *goes out of the Forum*
Forum *Roman Forum*
    ad Forum it *goes to the Forum*
    Forum in animō volvit *thinks about the Forum*
frāter *brother*
    frāter mē audit *my brother hears me*
    esne hīc, frāter? *Are you here, brother?*
frātrem *brother*
    frātrem videt *sees his brother*
    frātrem nōn amat *doesn't love his brother*
frātrī *brother*
    nōmen frātrī *his brother's name*
Fūfus *Piso's name for his brother, Rufus, from* fūfae! *(= gross!)*
Fūfe *Rufus*
    "Rūfe Fūfe,..." *"O Rufus Fufus,..."*
gladiātor *gladiator*
    estne gladiātor? *Is he a gladiator?*
    neque gladiātor est *nor is he a gladiator*
gladiātōrēs *gladiators*
    gladiātōrēs agunt magis *gladiators do more*
    gladiātōrēs vident *they see gladiators*
    gladiātōrēs pugnant *gladiators fight*
    gladiātōrēs amāre *to love gladiators*
    gladiātōrēs nōn mihi placent *I don't like gladiators*
gladiātōrum *of gladiators*
    vultūs gladiātōrum *the gladiators' faces*
    arma gladiātōrum *the gladiators' weapons*
gladiīs *swords*
    gladiīs pugnant *they fight with swords*
gladium *sword*
    gladium habēre *to have a sword*
    gladium Pīsōnī dat *gives Piso a sword*
gladius *sword*
    gladius tuus *your sword*
habent *(more than one) have*
    nōn habent multa *don't have many things*
    arma inornāta habent *have undecorated, simple weapons*
habeō *I have*
    gladium nōn habeō *I don't have a sword*
    verba bona nōn habeō *I don't have good words*

ūnum vultum habeō, sānē! *I have one face, clearly!*
habēret *had*
 cum verba nōn habēret *whenever he didn't have words*
habet *has*
 gladium habet *has a sword*
 quoque scūtum habet *also has a shield*
 habet arma pater *father has weapons*
 collēs habet illa *she has hills*
 iānuās duās habet *has two doors*
 vultūs duōs habet! *has two faces!*
 ūnum vultum habet *has one face*
habetne *has?*
 habetne arma? *Does he have weapons?*
habitāmus *we live*
 in urbe habitāmus *we live in the city*
 annōs trēs hīc habitāmus *we've lived here for three years*
habitābant *(more than one) lived*
 ōlim in colle habitābant *they lived long ago on the hill*
habitāre *to live*
 habitāre hīc amō *I love living here*
 habitāre hīc quoque amat *also loves living here*
habitō *I live*
 in urbe, Rōmā, habitō *I live in the city, Rome*
hīc *here*
Hispānia *Spain*
 Hispāniā *Spain*
  dē Hispāniā *from Spain*
ī *go!*
 ī domum! *Go home!*
iam *now*
Iāne *Janus, god of beginnings*
 "Iāne,..." *"O, Janus..."*
Iānī *of Janus*
 Templum Iānī *Temple of Janus*
 dē Templō Iānī *about the Temple of Janus*
Iānum *Janus*
 Iānum vocāre *to call Janus*
Iānus *Janus*
 Iānus deus est *Janus is a god*
 Iānus vultūs duōs habet! *Janus has two faces!*
 Iānus eum audīvit *Janus heard him*

iānuae *doors*
    iānuae clausae sunt *doors are closed*
    iānuae apertae sunt *doors are open*
iānuās *doors*
    iānuās duās habet *has two doors*
    iānuās clausit *closed the doors*
iānuīs *doors*
    iānuīs clausīs *when the doors are closed*
    iānuīs apertīs *after the doors are opened*
illa *that, she*
    habet illa *she has*
ille *that, the*
    Pīsō Ille Poētulus *Piso the Little Poet*
illōs *those*
    versūs illōs canō *I sing those lines of poetry*
    illōs nōn probet *would not approve of those*
immāne *immense, giant*
    amphitheātrum immāne *immense amphitheater*
immānem *giant*
    Mūsam immānem videt *sees a giant Muse*
immānis *giant*
    Mūsa immānis *giant Muse*
    exercitus immānis *immense army*
imperātor *emperor*
    imperātor prīmus *the first emperor*
in *in, into, on*
    in urbe habitō *I live in the city*
    in Palātiō habitāre *to live on the Palatine*
    in stadium īre *to go into the stadium*
inceptōrum *of beginnings*
    deus inceptōrum *god of beginnings*
incipiō *I am beginning*
    scrībere incipiō *I am beginning to write*
incipiant *(more than one) begin*
    cum scrībere incipiant *whenever they begin to write*
incipit *begins*
    scrībere incipit *begins to write*
inornāta *undecorated, simple (more than one)*
    inornāta placēre *to like simple things*
    inornāta amat *loves simple things*
    arma inornāta habent *they have undecorated weapons*

inornāta *simple*

  nōn tam inornāta quam *not as simple as*

inornātae *simple (more tan one)*

  columnae inornātae *simple columns*

inornātior *simpler*

  inornātior quam *simpler than*

īnsānum *insane*

  putat sē esse īnsānum *thinks he's insane*

īnsānus *insane*

  īnsānus nōn est *is not insane*

Iōnica *Ionic (architectural style)*

  quae Iōnica est *which is Ionic*

Iove *Jove/Jupiter, god of sky, thunder, and king of other gods*

  dē Iove *about Jove/Jupiter*

  Iovis *of Jove/Jupiter*

  templum Iovis *temple of great Jove/Jupiter*

īre *to go*

  īre dēbēs *you ought to go*

  īre dēbeō *I ought to go*

  īre placet *likes to go*

  domum īre *to go home*

ipse *himself*

is *he*

  is Latīnē loquitur *he speaks Latin*

  is fēcit *he made*

  is quoque pugnat *he also fights*

it *goes*

  it ad *goes to*

  it ā/ab *goes away from*

  domō it *goes out of the house*

  it per *goes through*

  in stadium it *goes into the stadium*

  Rōmam it *goes to Rome*

  it ē/ex *goes out of*

iterum *again*

  iterum iterumque scrībere *to write again and again*

  iterum loquitur *speaks again*

  iterum it *goes again*

  iterum videt *sees again*

Iuppiter *Jove/Jupiter, god of sky thunder, and king of other gods*

laetī *happy (more than one)*

  laetī sumus *we're happy*

laetus *happy*
    laetus esse *to be happy*
Latīnē *in Latin*
lentē *slowly*
    lentē it *goes slowly*
    lentē canuntur *are sung slowly*
    lentē scrībere *to write slowly*
littera *letter*
    littera "s" mihi placet *I like the letter "s"*
litterae *letters*
    litterae placēre *to like letters*
litterīs *letters*
    dē litterīs loquitur *speaks about letters*
locūta est *spoke*
    Aoedē locūta est *Aoede spoke*
estne locūta? *spoke?*
    estne locūta columna? *Did the column speak?*
loquēbātur *spoke*
    cum Vergiliō loquēbātur *spoke with Virgil*
loquentēs *(more than one) speaking*
    loquentēs, virī eunt *speaking, the men go*
loqueris *you speak*
    Quōcum loqueris? *Who are you speaking with?*
loquētur *will speak*
    mēcum loquētur *will speak with me*
loquī *to speak*
    loquī mēcum *to speak with me*
    loquī cum columnā *to speak with a column*
loquitur *speaks*
    loquitur cum *speaks with*
    cotīdiē mēcum loquitur *speaks with me every day*
    nōn bene Latīnē loquitur *doesn't speak Latin well*
    loquitur dē *speaks about*
    iterum loquitur *speaks again*
loquuntur *(more than one) speak*
    Mūsae loquuntur *Muses speak*
    neque movent neque loquuntur *neither move nor speak*
lūdī *games*
    lūdī mihi nōn placent *I don't like the games*
lūdōs *games*
    lūdōs vident *they see the games*
    lūdōs in animō volvit *thinks about games*

magis *more*
    magis quam *more than*
    magis placēre *to like more*
    magis amat *loves more*
    scrībere magis *to write more*
magnī *big, great*
    deī magnī *of the great god*
magnīs *big (more than one)*
    dē magnīs *about big things*
magnum *big*
    magnum virum *big man*
    magnum stadium *big stadium*
    amphitheātrum magnum *big amphitheater*
    templum magnum *big temple*
magnus *big, great*
    poēta magnus *great poet*
    exercitus magnus *big army*
    vir magnus *big man*
    auctor magnus *great author*
malus *bad, pathetic*
    puer malus *pathetic boy*
    poēta malus *bad poet*
    versus malus *bad poetry*
malī *bad (more than one)*
    versūs malī *bad poetry*
malōs *bad (more than one)*
    versūs malōs *bad poetry*
Martiālis *Martial, a Roman poet*
    Martiālis *of Martial*
    versūs Martiālis *Martial's poetry*
māter *mother*
    māter audit *mother hears*
    māter vult *mother wants*
    māter it ad *mother goes to*
    māter subrīdet *mother smiles*
    māter amātur *mother is loved*
    māter amat *mother loves*
    māter tua *your mother*
mātre *mother*
    cum mātre *with mother*
mātrem *mother*
    ad mātrem īre *to go to mother*

mātrem audit *hears mother*
mātrī *mother*
   mātrī placet *mother likes*
mē *me*
   mē audit *hears me*
   vult me esse... *wants me to be...*
   mē amat *loves me*
   ā mē *by me*
   mē vocāre *to call me*
mēcum (cum + mē) *with me*
   mēcum loquī *to speak with me*
   mēcum loquētur *will speak with me*
meā *my*
   dē vītā meā *about my life*
   in familiā meā *in my family*
meum *my*
   carmen meum *my poem*
meus *my*
   versus meus *my poetry*
   gladius meus *my sword*
Meletē *Melete, the Muse of thought/meditation*
mēnsā *table*
   ā mēnsā it *goes away from the table*
   sub mēnsā sunt *are under the table*
mēnsam *table*
   ad mēnsam it *goes to the table*
mihi *to/for me, my*
   nōmen mihi est *my name is*
   mihi placet *I like*
   mihi placent *I like (more than one thing)*
   mihi dare *to give to me*
mihī (= mihi) *to/for me*
   mihī dare *to give to me*
mīlite *soldier*
   ā mīlite clausae *closed by the soldier*
mīlitem *soldier*
   vult mē esse mīlitem *wants me to be a soldier*
   vult Pīsōnem esse mīlitem *wants Piso to be a soldier*
   mīlitem videt *sees a soldier*
   ad mīlitem it *goes to a soldier*
mīles *soldier*
   esse mīles *to be a soldier*

mīles bonus erit *will be a good soldier*
mīles gladium dat *soldier gives a sword*
mīles nōn probet *the soldier wouldn't approve*
mīles ad templum it *soldier goes to the temple*
sīcut mīles scrībere *to write like a soldier*
mīlitis *of a soldier*
mīlitis arma *soldier's weapons*
mīlitēs *soldiers*
mīlitēs agunt magis *soldiers do more*
mīlitēs habent *soldiers have*
mīlitēs eunt *soldiers are going*
mīlitēs videt *sees soldiers*
Mnēmē *Mneme, the Muse of memory*
movent *(more than one) move*
neque movent neque loquuntur *neither move nor speak*
movet *moves*
neque movet neque loquitur *neither moves nor speaks*
neque movet neque laetus est *neither moves nor is happy*
mox *soon*
hīc mox erit *will be here soon*
mox domī erit *soon will be home*
mox loquētur *soon will speak*
mox eris *soon you will be*
multa *many*
multa dē vītā *many things about life*
multa Rōmae videt *sees many things in Rome*
nōn habent multa *don't have many things*
multa templa *many temples*
verba multa *many words*
multa arma *many weapons*
multae *many*
multae columnae *many columns*
multae syllabae *many syllables*
multī *many*
multī Rōmānī *many Romans*
multī mīlitēs *many soldiers*
multīs *many*
multīs armīs *with many weapons*
multōs *many*
versūs multōs *many lines of poetry*
mīlitēs multōs *many soldiers*

Mūsa *Muse, a goddess of the arts*
  Mūsae *Muses*
    Mūsae verba dant *the Muses give words*
    Mūsae pulchrae *beautiful Muses*
    Mūsae loquuntur *the Muses speak*
  Mūsam *Muse*
    Mūsam vocat *calls the Muse*
    Mūsam videt *sees the Muse*
  Mūsās *Muses*
    Mūsās nōn audit *doesn't hear the Muses*
    Mūsās vidēre *to see the Muses*
    Mūsās in animō volvit *thinks about the Muses*
nātus *born*
  annōs nātus esse *to be __ years old*
negōtium *business*
  ad negōtium agendum *in order to do business*
  negōtium agunt *they do business*
neque *and not, neither/nor*
  neque mīles neque gladiātor *neither a soldier nor gladiator*
  neque versus mihi placet *and I don't like the poetry*
nōlō *I don't want*
  nōlō esse *I don't want to be*
  īre nōlō *I don't want to go*
nōmen *name*
  nōmen mihi *my name*
  nōmen frātrī *brother's name*
  nōmen eī *its name*
  nōmen tibi *your name*
nōn *not, does not*
nōnne? *Don't you?, Shouldn't you?, Isn't?*
  nōnne vīs esse? *Don't you want to be?*
  nōnne tibi placent? *Don't you like?*
  nōnne dēbēs esse? *Shouldn't you be?*
  nōnne est? *Isn't?*
nōndum *not yet*
octō *eight*
ōlim *long ago*
pācem *peace*
  pācem fēcit *made peace*
Palātium *Palatine, oldest of seven famous Roman hills*
  Palātiō *Palatine*
    in Palātiō *on the Palatine*

dē Palātiō *about the Palatine*
Panthēum *Pantheon, domed temple with central opening to the sky*
parvum *small*
    templum parvum *small temple*
parvus *young, insignificant*
    puer parvus *young boy*
    poēta parvus *insignificant poet*
pater *father*
    sīcut pater *just like father*
    pater abest *father is away*
    pater arma habet *father has weapons*
    pater cum Rūfō loquitur *father speaks with Rufus*
    pater amat *father loves*
    pater laetus erit *father will be happy*
    pater mēcum loquētur *father will speak with me*
    pater cotīdiē it *father goes every day*
    pater ipse est domī *father himself is home*
    pater mox erit *father soon will be*
patrem *father*
    volō patrem loquī mēcum! *I want father to speak with me!*
    patrem nōn videt *doesn't see father*
    patrem in animō volvit *thinks about father*
patrī *father*
    patrī placent *father likes (more than one thing)*
    patrī placēbit *father will like*
    carmen patrī dābō *I will give a poem to father*
patris *father's*
    arma patris *father's weapons*
pāx *peace*
    cum pāx sit *whenever there is peace*
    pāx iam est! *now there is peace!*
per *through*
    it per *to go through*
Pīsō *Piso, our little poet*
    Pīsōne *Piso*
        ā Pīsōne it *goes away from Piso*
    Pīsōnem *Piso*
        Pīsōnem audīre *to hear Piso*
        vult Pīsōnem esse mīlitem *wants Piso to be a soldier*
        ad Pīsōnem īre *to go to Piso*
        Pīsōnem videt *sees Piso*

Pīsōnī *to Piso*
   gladium Pīsōnī dat *gives Piso a sword*
   verba Pīsōnī dedit *gave words to Piso*
Pīsōnis *of Piso*
   versum Pīsōnis nōn probat *doesn't approve of Piso's poetry*
   pater Pīsōnis *Piso's father*
placēbat *liked*
   Augustō placēbat *Augustus liked*
placēbit *will like*
   patrī placēbit *father will like*
   eī placēbit *will like*
placent *like (more than one thing)*
   mihi placent *I like*
   mihi magis placent *I like ___ more*
   tibi placent *you like*
   eī placent *likes*
   patrī placent *father likes*
   Rūfō placent *Rufus likes*
placet *like*
   mihi placet *I like*
   Rūfō placet *Rufus likes*
   mātrī placet *mother likes*
   scrībere sōlus mihi placet *I like to write alone*
   mihi magis placet *I like __ more*
placetne? *likes?*
   placetne tibi? *Do you like?*
poēta *poet*
   poēta magnus *great poet*
   poēta parvus *insignificant poet*
   poēta malus *bad poet*
poētā *poet*
   dē poētā canēbās *you were singing about a poet*
poētae *poets*
   Quid agunt poētae? *What do poets do?*
   poētae scrībunt et canunt *poets write and sing*
   poētae placent *likes poets*
   cum poētae carmen incipiant *whenever poets begin to write*
poētam *poet*
   nōn vult eum esse poētam *doesn't want him to be a poet*
   putatne sē esse poētam? *Does he think he's a poet?*
poētīs *poets*
   Quid est dē poētīs? *What is it about poets?*

verba poētīs dant *they give words to poets*
poētulus *little poet*
    poētulus sum *I'm a little poet*
prīma *first*
    columna prīma *first column*
prīmō *first*
    in versū prīmō *in the first line of poetry*
prīmus *first*
    versus prīmus *first line of poetry*
    collis prīmus *first hill*
    vir prīmus *first man*
    imperātor prīmus *first emperor*
probābit *will approve*
    pater ipse probābit *father himself will approve*
probant *(more than one) approve*
    versūs nōn probant *they don't approve of the poetry*
probat *approves*
    versum nōn probat *doesn't approve of the poetry*
probet *would approve*
    versūs nōn probet *would not approve of the poetry*
    Vergiliusne probet? *Would Virgil approve?*
    probet auctor *the author would approve*
prope *near*
    prope stat *stands near*
    prope dormit *sleeps near*
puer *boy*
    puer Rōmānus *Roman boy*
    puer parvus *small boy*
    puer bonus *good boy*
    puer malus *pathetic boy*
pugnant *(more than one) fight*
    semper pugnant *they always fight*
    gladiīs et armīs pugnant *fight with swords and weapons*
pugnantēs *(more than one) fighting*
    gladiātōrēs pugnantēs *fighting gladiators*
pugnat *fights*
    in Britanniā pugnat *fights in Britain*
pugnatne? *fights?*
    pugnatne in amphitheātrō *Does he fight in the amphitheater?*
pugnāre *to fight*
    dēbet pugnāre *ought to fight*

pugnet *fights*
    cum exercitus pugnet *whenever the army fights*
pulcher *beautiful*
    versus pulcher *beautiful poetry*
pulchra *beautiful*
    Hispānia pulchra *beautiful Spain*
    pulchra columna *beautiful column*
    urbs pulchra *beautiful city*
pulchra *beautiful (more than one)*
    carmina pulchra *beautiful poems*
    verba pulchra *beautiful words*
    inornāta pulchra *simple, beautiful things*
pulchrae *beautiful (more than one)*
    Mūsae pulchrae *beautiful Muses*
pulchrī *beautiful (more than one)*
    versūs pulchrī *beautiful poetry*
pulchrior *more beautiful*
    Rōma pulchrior est *Rome is more beautiful*
pulchriōrēs *more beautiful (more than one)*
    pulchriōrēs quam *more beautiful than*
pulchrōs *beautiful (more than one)*
    versūs pulchrōs beautiful *poetry*
pulchrum *beautiful*
    pulchrum verbum *beautiful word*
putat *thinks*
    putat sē esse... *thinks he's...*
putatne? *thinks?*
    putatne sē esse...? *Does he think he's...?*
putō *I think*
    putō eum scrīpsisse... *I think that he wrote...*
quae *which*
    quae Iōnica est *which is Ionic*
    quae pulchra est *which is beautiful*
quōs *which*
    versūs quōs *lines of poetry, which*
quam *than*
    pulchriōrēs quam *more beautiful than*
    magis quam *more than*
    nōn tam quam *not as much as*
    inornātior quam *simpler than*
quia *because*
Quid? *What?*

Quis? *Who?*
Quōcum? *With whom?*
quoque *also*
rēgēs *kings*
 ōlim rēgēs habitābant *kings lived long ago*
 rēgēs in animō volvit *thinks about kings*
rēx *king*
 neque mīles neque rēx *neither soldier nor king*
rīdent *(more than one) laugh*
 virī rīdent *the men laugh*
rīdet *laughs*
 Pīsō rīdet *Piso laughs*
 vir rīdet *the man laughs*
 Aoedē rīdet *Aoede laughs*
 Mūsa rīdet *the Muse laughs*
Rōma *Rome*
 urbs est Rōma *the city is Rome*
 Rōma pulchrior est *Rome is more beautiful*
Rōmā *Rome*
 in urbe, Rōmā *in the city, Rome*
 dē Rōmā *about Rome*
Rōmae *in Rome*
 Rōmae habitāmus *we live in Rome*
 multa Rōmae videt *sees many things in Rome*
 hīc Rōmae *here in Rome*
Rōmam *Rome*
 Rōmam amāre *to love Rome*
 per Rōmam it *goes through Rome*
 Rōmam it *goes to Rome*
 prope Rōmam *near Rome*
 Rōmam in animō volvit *thinks about Rome*
Rōmānī *Romans*
 multī Rōmānī *many Romans*
Rōmānīs *Roman (more than one)*
 ūnum ē collibus Rōmānīs *one of the Roman hills*
 dē collibus Rōmānīs *about the Roman hills*
Rōmānō *Roman*
 in exercitū Rōmānō *in the Roman army*
 in Forō Rōmānō *in the Roman Forum*
Rōmānōs *Roman (more than one)*
 rēgēs Rōmānōs *Roman kings*

Rōmānum *Roman*
   Forum Rōmānum *the Roman Forum*
Rōmānus *Roman*
   puer Rōmanus *Roman boy*
   exercitus Rōmānus *the Roman army*
Rūfe *Rufus, Piso's brother*
   "Rūfe,..." "O Rufus,..."
Rūfō *Rufus*
   Rūfō placet *Rufus likes*
   cum Rūfō loquitur *speaks with Rufus*
   ā Rūfō it *goes away from Rufus*
Rūfum *Rufus*
   Rūfum vocat *calls Rufus*
   Rūfum videt *sees Rufus*
   Rūfum amāre *to love Rufus*
Rūfus *Rufus*
   Rūfus laetus *happy Rufus*
   Rūfus mīles bonus *good soldier Rufus*
salvē *hello*
   salvē?! *Hello?!*
salvēte *hello (to more than one)*
   salvēte, Mūsae! *Hello, Muses!*
sānē *clearly*
scrībam *I will write*
   versūs scrībam *I will write poetry*
scrībēbat *wrote*
   cotīdiē scrībēbat *wrote every day*
   Aenēidem lentē scrībēbat *wrote the Aeneid slowly*
scrībe! *write!*
   lentē scrībe! *Write slowly!*
scrībendum *in order to write*
   ad carmen scrībendum *in order to write a poem*
scrībere *to write*
   scrībere sōlus placet *likes to write alone*
   scrībere dēbēre *to ought to write*
   scrībere velle *to want to write*
   cum scrībere incipiant *whenever they begin to write*
   volēbat Vergilium scrībere *wanted Virgil to write*
   scrībere incipere *to begin to write*
scrībis *you write*
   versūs sīcut mīles scrībis *you write poetry like a soldier*

scrībit *writes*
versūs scrībit *writes poetry*
versum scrībit *writes poetry*
carmen scrībit *writes a poem*
iterum scrībit *writes again*
lentē scrībit *slowly writes*
scrībō *I write*
sōlus scrībō *I write alone*
cotīdiē scrībō *I write every day*
iterum scrībō *I write again*
versūs quōs scrībō *poetry, which I write*
scrībunt *they write*
versūs scrībunt *they write poetry*
scrībuntur *are written*
bis scrībuntur *are written twice*
nōn bene scrībuntur *aren't written well*
scrīpsī *I wrote*
versum nōn scrīpsī *I didn't write the poetry*
scrīpsī sīcut mīles *I wrote like a soldier*
scrīpsisse *to have written*
putō eum scrīpsisse... *I think that he wrote...*
scrīpsit *wrote*
versum scrīpsit *wrote the poetry*
tantum versūs bonōs scrīpsit *wrote only good poetry*
dē armīs scrīpsit *wrote about weapons*
Aenēidem scrīpsit *wrote the Aeneid*
versūs multōs scrīpsit *wrote many lines of poetry*
nōn bene scrīpsit *did not write well*
dē Rōmā scrīpsit *wrote about Rome*
scūtum *shield*
scūtum habet *has a shield*
scūtumque *and shield*
gladium scūtumque *sword and shield*
sē *himself*
putat sē esse... *thinks he's...*
secunda *second*
columna secunda *the second column*
secundam *second*
Mūsae secundam et tertiam *the second and third Muses*
secundō *second*
in versū secundō *in the second line of poetry*

secundus *second*
    vir secundus *second man*
sed *but*
semel *once*
    nōn semel, sed bis *not once, but twice*
semper *always*
septem *seven*
    septem collēs *seven hills*
sīcut *just like*
sit *is*
    cum pāx sit *whenever there is peace*
sōlus *alone*
    sōlus scrībere *to write alone*
    sōlus esse *to be alone*
stadiō *stadium*
    in stadiō stat *stands in the stadium*
    ē stadiō it *goes out of the stadium*
    stadium *stadium*
    ad stadium it *goes to the stadium*
    in stadium it *goes into the stadium*
    prope stadium stat *stands near the stadium*
    stadium videt *sees a stadium*
stat *stands*
    ē domō stat *stands outside of the house*
    stat prope *stands near*
    stat in *stands in, on*
sub *under*
subitō *suddenly*
subrīdet *smiles*
    māter subrīdet *mother smiles*
    Pīsō subrīdet *Piso smiles*
sum *I am*
    puer sum *I'm a boy*
    parvus sum *I'm small*
    laetus sum *I'm happy*
    poētulus sum *I'm a little poet*
    nōndum sum *I'm not yet*
    mīles sum?! *I'm a soldier?!*
    Mūsa sum *I'm a Muse*
    cotīdiē sum domī *I'm at home every day*
    sumne? *Am I?*
    sumne puer malus? *Am I a pathetic boy?*

sumne poētulus malus? *Am I a pathetic little poet?*
sumus *we are*
   laetī sumus *we're happy*
   Unde sumus? *Where are we from?*
   dē Hispāniā sumus *we're from Spain*
   in urbe sumus *we're in the city*
sunt *are, there are*
   pulchriōrēs sunt quam *are more beautiful than*
   arma sunt *are weapons*
   dē armīs sunt *are about weapons*
   sunt multae Rōmae *there are many in Rome*
   inornātae sunt *are undecorated, simple*
   sunt pulchra et beāta *are beautiful and magnificent*
   sunt collēs Rōmae *there are hills in Rome*
   multa templa sunt *there are many temples*
   apertae sunt *are open*
   clausae sunt *are closed*
   mala sunt *are bad*
super *above*
surgit *stands up*
   subitō, Pīsō surgit *suddenly, Piso stands up*
syllabae *syllables*
   syllabae placēre *to like syllables*
   syllabae lentē canuntur *syllables are sung slowly*
syllabās *syllables*
   syllabās in animō volvit *thinks about syllables*
syllabīs *syllables*
   dē syllabīs loquitur *speaks about syllables*
tam *as much*
   nōn tam...quam... *...not as much as...*
tantum *only*
   tantum trēs! *only three!*
   tantum versūs bonōs *only good poetry*
   tantum octō annōs nātus sum! *I'm only eight years old!*
   tantum dormiēbat *was only sleeping*
   tantum videt *only sees*
   tantum deus, Iānus *only the god, Janus*
tē *you*
   volō tē scrībere... *I want you to write...*
   tē amāre *to love you*
templa *temples*
   multa templa *many temples*

templa videt *sees temples*
templa mihi placent *I like temples*
templō *temple*
dē templō scrībere *to write about a temple*
dē templō canam *I will sing about the temple*
templum *temple*
templum videt *sees a temple*
prope parvum templum *near a temple*
ad templum it *goes to a temple*
templum magnum *big temple*
templum in animō volvit *thinks about the temple*
ter *three times*
ter vocāre *to call three times*
iānuās ter clausit *closed the doors three times*
ter canere *to sing three times*
pācem ter fēcit *made peace three times*
tertia *third*
columna tertia *third column*
tertiam *third*
Mūsam secundam et tertiam *the second and third Muses*
tertiō *third*
in versū tertiō *in the third line of poetry*
tertium *third*
versum tertium *the third line of poetry*
tertius *third*
versus tertius *third line of poetry*
tibi *to/for you, you*
placetne tibi? *Do you like?*
tibi dare *to give to you*
nōmen tibi *your name*
trēs *three*
tua *your*
māter tua *your mother*
tua *your (more than one)*
verba tua *your words*
tuī *your (more than one)*
versūs tuī *your poetry*
tuus *your*
versus tuus *your poetry*
gladius tuus *your sword*
ūnum *one*
ūnum ē collibus *one of the hills*

ūnum vultum *one face*
ūnum versum *one line of poetry*
urbe *city*
in urbe *in the city*
ex urbe it *goes out of the city*
urbem *city*
per urbem it *goes through the city*
prope urbem *near the city*
in urbem eunt *they go into the city*
urbs *city*
urbs est Rōma *the city is Rome*
urbs pulchra *beautiful city*
verba *words*
verba placēre *to like words*
verba scrībuntur *words are written*
verba pulchra amō *I love beautiful words*
verba dare *to give words*
verba ā Mūsā *words from a Muse*
cum verba nōn habēret *whenever he didn't have words*
verba bona nōn habeō *I don't have good words*
cum verba vīs *when you want the words*
verba in animō volvit *thinks about words*
verbīs *words*
dē verbīs loquitur *speaks about words*
Vergiliī *of Virgil, the great poet who wrote The Aeneid*
versus Vergiliī *Virgil's poetry*
Vergiliō *Virgil*
cum Vergiliō loquēbātur *spoke with Virgil*
Vergilium *Virgil*
volēbat Vergilium scrībere *wanted Virgil to write*
Vergilium in animō volvit *thinks about Virgil*
Vergilius *Virgil*
Vergilius poēta magnus *Virgil the great poet*
sīcut Vergilius *like Virgil*
Vergilius ipse *Virgil himself*
Vergiliusne? *Virgil?*
Vergiliusne probet? *Would Virgil approve?*
versibus *poetry*
dē versibus loquitur *talks about poetry*
versū *line of poetry*
in versū *in the line of poetry*

versum *line of poetry, poetry*
    versum scrībere *to write poetry*
    versum ūnum canere *to recite one line of poetry*
    versum nōn probat *doesn't approve of poetry*
versus *line of poetry, poetry*
    ecce, versus! *look, poetry!*
    versus pulcher *beautiful poetry*
    versus tuus *your poetry*
    versus meus *my poetry*
    versus placēre *to like poetry*
    versus Vergiliī *Virgil's poetry*
    versus prīmus *first line of poetry*
    versus bonus *good poetry*
    versus malus *bad poetry*
    versus tertius *third line of poetry*
versūs *lines of poetry, poetry*
    versūs pulchrōs *beautiful poetry*
    versūs scrībere sōlus *to write poetry alone*
    versūs pulchriōrēs sunt *poetry is more beautiful than*
    versūs bonōs et malōs *good and bad poetry*
    versūs placēre *to like poetry*
    versūs tuī *your poetry*
    versūs trēs *three lines of poetry*
    versūs probāre *to approve of poetry*
    versūs amō *I love poetry*
    versūs nōn bene scrībuntur *lines of poetry aren't written well*
    versūs dē magnīs *poetry about big things*
    versūs malōs *bad poetry*
    versūs multōs *many lines of poetry*
versūsque *and lines of poetry*
    versūsque erant *and there were lines of poetry*
vident *(more than one) see*
    lūdōs vident *they see games*
    gladiātōrēs vident *they see gladiators*
videō *I see*
    arma videō *I see weapons*
vidēre *to see*
    vult vidēre arma *wants to see weapons*
vidēsne *you see?*
    vidēsne arma patris? *Do you see father's weapons?*
videt *sees*
    eum nōn videt *doesn't see him*

frātrem, Rūfum, videt *sees his brother, Rufus*
Pīsōnem videt *sees Piso*
virum videt *sees a man*
multa Rōmae videt *sees many things in Rome*
columnās videt *sees columns*
vultum in columnā videt *sees a face in the column*
templum parvum videt *sees a small temple*
mīlitem videt *sees a soldier*
Mūsam immānem videt *sees a giant Muse*
exercitum videt *sees the army*
mīlitēs multōs videt *sees many soldiers*
patrem nōndum videt *doesn't see father yet*
vīdit *saw*
deās vīdit *saw goddesses*
Mūsās vīdit *saw the Muses*
vir *man*
vir magnus *big man*
vir mīles est *the man is a soldier*
vir rīdet *the man laughs*
vir prīmus *first man*
vir secundus *second man*
virī *men*
duo virī *two men*
loquentēs, virī eunt *speaking, the men go*
virī rīdent *the men laugh*
virī nōn probant *the men don't approve*
virumque *and a man*
arma virumque canō *I sing of war and a man*
virum *man*
virum magnum videt *sees a big man*
vīs *you want*
nōnne vīs esse? *Don't you want to be?*
Cūr carmen vīs? *Why do you want a poem?*
cum verba vīs *when you want the words*
vītā *life*
dē vītā meā *about my life*
vocā *call!*
mē ter vocā! *Call me three times!*
vocābat *called*
semper mē vocābat *always called me*
vocāre *to call*
Iānum vocāre dēbent *they ought to call Janus*

100

vocāre dēbeō *I ought to call*
vocat *calls*
    eum "Rūfum Fūfum" vocat *calls him "Rufus Fufus"*
    Mūsam vocat *calls a Muse*
    Iānum vocat *calls Janus*
    vocat ter *calls three times*
vocāvī *I called*
    Iānum vocāvī *I called Janus*
vocō *I call*
    eum "Rūfum Fūfum" vocō *I call him "Rufus Fufus"*
volēbat *wanted*
    volēbat Vergilium scrībere *wanted Virgil to write*
volēbatne? *wanted?*
    volēbatne verba? *Did he want words?*
volō *I want*
    esse volō *I want to be*
    volō patrem loquī mēcum! *I want father to speak with me!*
    scrībere volō *I want to write*
    dare volō *I want to give*
    volō tē scrībere *I want you to write*
    īre nōlō *I don't want to go*
    verba volō *I want words*
volvit *revolves*
    in animō volvit *revolves in the mind (i.e. thinks about)*
vult *wants*
    vult esse *wants to be*
    vult me esse *wants me to be*
    vult vidēre arma *wants to see weapons*
    vult Pīsōnem esse *wants Piso to be*
    nōn vult eum esse *doesn't want him to be*
vultum *face*
    vultum in columnā videt *sees a face in the column*
    ūnum vultum habēre *to have one face*
vultūs *faces*
    vultūs duōs *two faces*
    vultūs gladiātōrum amat *loves the gladiators' faces*

44704265R00063

Made in the USA
Middletown, DE
14 June 2017